Vente après Décès de M. L. FRANC

TABLEAUX

DESSINS, MINIATURES, GRAVURES

TABATIÈRES

OBJETS EN OR ET EN ARGENT, PORCELAINES

MEUBLES, ETC.

HOTEL DROUOT, SALLE N° 6

Le Samedi 17 Mars 1883,

A deux heures.

COMMISSAIRE-PRISEUR

Mᵉ PAUL CHEVALLIER, Succʳ de Mᵉ CH. PILLET

10, rue de la Grange-Batelière.

EXPERT

M. E. FÉRAL, Peintre, 54, rue du Faubourg-Montmartre.

Chez lesquels se trouve le présent Catalogue.

EXPOSITION PUBLIQUE : le Vendredi 16 Mars 1883,

De une heure à cinq heures.

IMPRIMERIE PILLET ET DUMOULIN
Rue des Grands-Augustins, 5, à Paris.

Vente après Décès de M. L. FRANC

TABLEAUX

DESSINS, MINIATURES, GRAVURES

TABATIÈRES

OBJETS EN OR ET EN ARGENT, PORCELAINES

MEUBLES, ETC.

HOTEL DROUOT, SALLE N° 6

Le Samedi 17 Mars 1883,

A deux heures.

COMMISSAIRE-PRISEUR

Mᵉ PAUL CHEVALLIER, Succʳ de Mᵉ CH. PILLET

10, rue de la Grange-Batelière.

EXPERT

M. E. FÉRAL, Peintre, 54, rue du Faubourg-Montmartre.

Chez lesquels se trouve le présent Catalogue.

EXPOSITION PUBLIQUE : le Vendredi 16 Mars 1883,

De une heure à cinq heures.

CONDITIONS DE LA VENTE

La vente sera faite au comptant.

Les acquéreurs payeront cinq pour cent en sus des en-
chères.

L'exposition mettant le public à même de se rendre
compte de l'état des objets, il ne sera admis aucune récla-
mation une fois l'adjudication prononcée.

Paris. — Typ. Pillet et Dumoulin 5, rue des Grands-Augustins.

DÉSIGNATION

TABLEAUX

ABSHOVEN (genre de)

1 — *Les Joueurs de cartes.*

BALEN (van) et KESSEL (van)

2 — *Figures et Animaux dans un paysage.*

BRIL (Paul)

3 — *Paysage.*

CASANOVA

4 — *Cavaliers en marche.*

FRANCK

5 — *Le Chemin du Calvaire.*

GREUZE (d'après)

6 — *La petite Fille au chien.*

LE BRUN (genre de Mme)

7 — *Jeune Fille vue à mi-corps, des roses dans les cheveux.*

LONGHI

8 — *Mascarades vénitiennes.*

RUYSDAEL (genre de)

9 — *Paysage hollandais.*

SARRAZIN

10 — *Paysage.*

SPAENDONCK (Gérard van)

(DEUX PENDANTS)

11 — *Bas-relief avec fleurs.*

TASSI (Augustin)

12 — *Paysage avec château fort.*

VALLAYER-COSTER (Mme)

13 — *Fleurs et Vases posés sur une table.*

VAN LOO (Carle)

14 — *Portrait présumé de la comtesse Du Barry.*

VAN LOO (Carle)

15 — *Petit Portrait de femme vêtue d'une robe bleue.*

ÉCOLE FRANÇAISE

16 — *Jeune Femme, un fichu noué sous le menton.*

ÉCOLE HOLLANDAISE

17 — *Intérieur de Maison hollandaise.*

ÉCOLE HOLLANDAISE

18 — *Fleurs dans un vase.*

19 — *Sous ce numéro, qui sera divisé, cinq pastels genre de Nattier, Boucher, Rosalba, etc.*

DESSINS ET MINIATURES

20 — *Jeune Femme à sa toilette.*

Miniature, genre d'Augustin, dans un cercle en argent doré.

21 — *Jeune Femme à sa toilette.*

Miniature, par Mlle Charrain.

22 — *Portrait de jeune femme.*

Du temps. de Louis XVI, miniature dans un cercle d'or.

23 — *Sous ce numéro, qui sera divisé, cinq miniatures.*

24 — *Cinq cadres en or pour miniatures.*

KLINGSTET

25 — *Nymphe et amour. — Femme couchée.*

Deux miniatures en grisaille.

FREUDENBERGER

26 — *Intérieur rustique.*

Aquarelle.

OSTADE (Genre d'ADRIEN VAN)

27 — *Un Buveur.*

Gouache.

DEFRICHE

· 28 — *Paysage.*

Dessin à la pointe d'argent.

DAVID (d'après Louis)

29 — *Jeunes Filles en buste.*

Étude d'après « l'Enlèvement des Sabines », du musée du Louvre. Crayon noir.

GOUJON (attribué à Jean)

30 — *Figures et Attributs guerriers.*

Plume et encre de Chine.

31 — *Jeune Princesse debout devant trois cardinaux.*

Miniature sur vélin.

32 — *Deux Paysages.*

Gouaches, genre de Boucher.

33 — *Deux Paysages de forme ronde.*

Gouaches, par Patel.

34 — *La Madeleine dans le désert.*

OBJETS DIVERS

35 — Une pendule en bronze doré et marbre blanc, du temps de Louis XVI, en forme de lyre.

36 — Deux figurines en biscuit : Le Joueur de cornemuse et le Jardinier.

37 — Portrait de l'impératrice Joséphine. (Biscuit de Sèvres.)

38 — Un coquetier en or. — Une broche en or avec camée. — Un tire-bouchon en argent. — Une clef de montre en or. — Une boîte en argent, et différents objets qui seront vendus par lots.

39 — Un lot de médailles et pièces de monnaie en argent.

40 — Deux vases en porcelaine de Chine.

41 — Deux vases en porcelaine de Saxe à décor d'amours en camaïeu rose.

42 — Coquille gravée par Duez, représentant « les Adieux d'Hector et d'Andromaque ».

43 — Un lot de pierres dures gravées et non gravées.

44 — Une tabatière en or émaillé·violet, avec bordure de feuillage.

45 — Un lot de bronze doré et de cadres pour miniatures.

46 — Un lot de boîtes en écaille, ivoire ou vernis Martin.

MEUBLES

47 — Une petite bibliothèque en acajou, à filets de cuivre.

48 — Une petite bibliothèque en marqueterie d'ébène et cuivre (genre boule).

49 — Deux tables à jeu, en acajou et filets de cuivre.

5o — Une table à ouvrage, du temps de Louis XVI.

5i — Petit meuble à dix tiroirs ou marqueterie d'ivoire et écaille.

52 — Boîte à jeux. (Travail indien.)

53 — Une petite commode en marqueterie de bois de couleurs et bronzes dorés.

54 — Sept chaises en chêne, à pieds tournés.

55 — Petite commode en bois de rose garnie de bronze.

56 — Six chaises en acajou, recouvertes en cuir vert.

57 — Un paravent chinois.

58 — Une commode du temps de Louis XV, en bois de rose, garnie de bronzes dorés.

59 — Une petite table de nuit de forme ronde, en marqueterie de bois.

60 — Deux consoles du temps de Louis XVI, en acajou et bronze.

61 — Un canapé, deux fauteuils et quatre chaises, en acajou, recouverts de velours grenat.

62 — Une pendule en bronze doré, style Louis XVI.